그 집 앞 연둣빛

이영순 시집

책 머리에

생의 발자국 남기며
시인이 된다는 것은 큰 축복이고
시가 있어 행복하다.

살아온 날의 그리움을
겸허한 마음으로 되돌아보며
시의 집을 짓는다.

한 편 한 편이
선한 마음을 일으키고 따듯해지면
얼마나 좋을까?

나에게 시는
순수 열정이고 고통이고
기쁨이다.

나를 자랑스럽게 생각하는
사랑하는 가족과
안재찬 교수님께 감사드린다.

2024년 가을
은솔 이영순

차례

책 머리에 … 3

1부

쑥과 45도

그래도 … 12
봄볕 한 줄기 … 13
버즘나무 … 14
봄비 내리는 창가 … 15
비가 내린다 … 16
웃음 공장장 … 17
쑥과 45도 … 18
외옹치, 봄날 … 19
윤중로의 벚꽃 … 20
유채꽃 물결 … 21
꽃술 벙글다 … 22
세미원 등불인가 … 23
낡은 담장 아래 … 24
능소화 … 25
칡과 등나무 … 26
하룻밤 바다 … 27
유리 우산 … 28
꿈꾸는 양귀비 … 29
안개가 자욱해도 … 30
비스듬히 눕는 소리 … 31

2부

오두막 풍경

짐 하나 나누어 … 34
따라쟁이 … 35
낙엽은 채찍 … 36
오두막 풍경 … 37
속임수로 오른 대청봉 … 38
비로 그린 수채화 … 39
한 소절 연가 … 40
하늘빛 강물 … 41
하늘 공원에서 … 42
가을빛 울음소리 … 43
가을에 묻는다 … 44
가을 서정 … 45
부요한 동행 … 46
동백은 떨어지고 … 47
노을 … 48
자연과 책 … 49
소나기 … 50
평등한 세상 … 51
계곡물 … 52
그 길을 걸으며 … 53
통곡의 길 … 54
그냥 그렇게 연주회 … 55

3부

햇살과 통정

가난은 수치가 아니다 … 58
글벗은 단비 … 60
내 목은 왜가리 … 61
만년 푸른 날 … 62
열매가 익을 때까지 … 63
옹고집과 춘설 … 64
이제는 동작 그만 … 65
풍경 … 66
한 계단씩 이모작 … 67
한마음 동행자 … 68
후회할까 봐 … 69
비탈진 눈동자 … 70
작심삼일 … 71
종소리에 이끌리어 … 72
새롭게 굴러가는 … 73
햇살과 통정 … 74
상념 … 75

4부

만삭의 달빛

내 눈은 … 78
시 읽는 소리 … 79
선풍기 … 80
세월의 멍석 위에 … 81
사노라면 … 82
아마도 … 83
아무것도 아닌 것을 … 84
다 내려놓고 … 85
녹이고 삭이고 … 86
둥근 것은 아름답다 … 87
디딤돌과 징검다리 … 88
다시 어린애가 되어 … 89
대답 없이 쓸쓸한 미소 … 90
말은 둥글게 … 91
만삭의 달빛 … 92
미로 … 93

5부

겨울 사냥

12월 모퉁이에서 … 96
기계 국숫집 … 97
급행열차와 간이역 … 98
그리운 것은 가고 … 99
그 집 앞 연둣빛 … 100
겨울 사냥 … 101
관계가 뒤바뀌다 … 102
고들빼기 … 103
어머니 옹고집 … 104
오일장 풍경 … 105
아직도, 그 남자네 집 … 106
늘그막에 나를 읽는다 … 107
답다! 할머니 … 108
보 수 동 동 … 109
보따리 부자 … 110
지금 내 마음은 … 111
의자 … 112
제발 … 113
핏발선 말문 … 114
모항 단상 … 115

6부

들꽃으로 피어

경주의 별 그리고 … 118
알다가도 모를 일 … 119
주인 잃은 한 짝 … 120
싸리 빗자루 … 121
코로나 자유부인 … 122
코로나가 뭐길래 … 123
하늘바라기 일기 … 124
문득 바람 한 줄로 … 125
가벼워져야 하리 … 126
이맘때 … 127
하나님 삼행시 그리고 … 128
기다림 … 129
사랑이란 이름으로 … 130
엉덩이에 뿔이 난다 … 131
자전거 타기 … 132
모난 말 가시에 … 133
들꽃으로 피어 … 134
훗날 연습 … 136

해설 안재찬 / 억새 울음소리로 서정을 낚다 … 138

1부

쑥과 45도

그래도

살면 살아지는 거지

비바람 몰아쳐 눈앞을 가려도
먹거리 사냥에 매의 눈으로
불화살을 당겼지

기쁜 날은 2월에 춤을 추고
슬픈 날은 7. 8월에 춤을 추었지

태풍이 휩쓸고 지나간
마음 밭에서 우뚝 솟아난 영의 섬

희망과 절망을 지나 소망의 길
영혼의 노래 하늘에 닿을 날까지

돌베개 별밤은 가슴속에 타오르겠지
살면 살아지는 끝 마당의 빛, 그래도

봄볕 한 줄기

봄소식 들려올 때면
아지랑이 오선지에 매달고
나뭇가지 물오르는 소리
강남 간 제비는 봄을 물어오고
새싹은 잔설 속을 비집고
대지를 마름질 한다

남풍에 하루가 다르게
젖몽우리 살찌우는 목련
누구를 기다리는가
흐드러지게 활짝 핀 꽃송이
송이마다 주렁주렁 매달린 그리움

짧은 웃음소리에
봄볕 한 줄이 스며 있다

버즘나무

자동차가
파도 물결로 넘나드는 거리
봄기운을 내뿜는 어느 날

커피숍 창가에서
아름드리 버짐나무를 바라본다

둘러봐도 흙 한 줌 없고
밤낮없이 쇠붙이 구르는 소리
귀는 먹먹하고 목이 마르다
한 곳에서 터를 잡고 울다가 웃다가
얼룩얼룩 몸통에 창백한 얼굴

봄날 푸른 잎새 듬뿍 받아
여름 지나 가을 오면
어떠한 모습으로 저기 서 있을까
내년 이맘때도 까치 집 그대로 일지
가지치기 칼잡이를 밉다고
하면 안 되겠지

봄비 내리는 창가

복사꽃 고운 봄날
봄비에 젖어
커피잔 마주하고 명상 중이다

바람은 꽃잎을 떨어뜨리고
빗소리에 기대어
그리움을 낚는다

젊음은
소리 없이 왔다가 떠나가고
흘러가는 강물은 뒤돌아보지 않는다

어느 날 생뚱한
연분홍 계절이 찾아와
시와 씨름을 한다

비가 내린다

봄볕과 눈 맞춰
땅속에서 고개 내밀고
일어나는 파릇한 숨결

하얀 촛불 켜 화사하게 빛날 목련
모래 글피면 함께할
개나리 벚꽃 마당
신명나는 봄이 오신다

꽃 편지 사월
신열로 흩날리는 꽃잎
도란도란 피어나는 그리움에
하냥 흔들려
살가운 가슴앓이 물리치지 못하는 봄

어제 오늘도
꽃 계절 적시는 그리움에
비가 내린다

단 한 번 곁에 있어 주지 않은
봄은 어디로 가는가?

웃음 공장장

참 많이 늦은 나이에
봄날처럼 온화한 도량으로
시에 발 들여놓고 하루도 빠져나오지 못하고
짓고 부수고 그럴수록 고파지는 날들

세상에 시달리며 쫓기고
고단한 생각을 책장 넘기듯
수많은 하루가 소나기로 지나간다
초록 바람이 봄빛 성화에 못 이겨
꽃으로 피어난다

생각의 탑을 세워
따듯해지고 까칠한 마음을 일으키는
아이의 나팔꽃같이 활짝 피워 올리는
웃음 공장, 공장장이 되고 싶다

쑥과 45도

봄날에 돌아오는
한평생 숨결로 살아있는
가난한 큰 손

폭설이 쌓여
이 발 저 발에
밟히고 밟혀도
봄날이면 어김없이 찾아드는
꺾이지 않는 생명

쑥 앞에서 45도 각도로
허리를 굽히고
고향을 씹는다

외옹치, 봄날

남과 북으로 갈라져
서로를 모른 채 살아온
칠십여 년

설움을 깨고 순례의 길
걸음하는 아낙네의 치마폭
외옹치 물결로 펄럭인다
너럭바위에
하얗게 떼 지어 한낮을 졸고 있는 갈매기
언제까지일지 모를 동강난 이 땅

해당화는 철없이 피어나고
글벗은 봄날을 신고 희희낙락

윤중로의 벚꽃

벚꽃인지
팝콘인지
한 광주리씩 이고 가는 까만 머리들

저마다
미소 꽃피우면서
사진기에 추억을 담는다

여의도의 벚꽃 한꺼번에 터트려
밤마다 꽃등 켜고 몸살을 앓는다

길 떠나는 시샘 바람이
꽃비로 방울방울 지는 날

누구와 함께 이 밤을 즐기리
윤중로는 밤새도록
전광판이 붉게 흐른다

유채꽃 물결

골다공증 걸린
검은 돌담에
봄소식 들어온다
밭마다 노란 물결 일렁거린다

초록빛 봄날
나비는 사랑의 덫에 걸려
이리저리 팔랑거리고
돌담 사이로 향기 퍼져 나간다

탐라의 땅
우도 유채꽃 마을에 한 줌 햇살이
말없이 내려와 앉는다

꽃술 벙글다

황사가 시샘하는 날
목련은 하나 둘 피어나는데
그리움 가눌 수 없네

꽃잎에 아침 햇살 내리는 날
라일락 꽃술 벙글어
잊힌 사랑 그리움으로 밀려오네

바람이 노랫말 실어 오는 날
간직한 둘만의 추억에서
젊음은 다시 태어나고

어두움이 내려 구름 한 이랑도 이울고
달빛은 어쩌자고 저리 밝아
이 마음 흔들어 놓는가

세미원 등불인가

무슨 죄가 많아
진흙탕에 뿌리내렸을까
푸른 치맛자락 펼치고
소녀 가슴 봉오리는
누구의 등불인가

돌개바람에도
꼿꼿하게 외줄기 핀 천만 송이
백수련 하얀 마음
이글이글 여름 땡볕에
홍련 붉어진다

배다리 아래 연꽃 눈물방울
작아서 서러운 청개구리
커다란 연잎에 다소곳한 셋방살이
연대 수런대는 소리
한여름 부채질하고 있는
세미원 한때

늙은 담장 아래

색소폰 소리 은은하게 들려오는
늙은 담장 아래

초록치마 분홍저고리
함초롬 피어 있는 모란과 작약
이슬로 세수하고
채송화 봉선화 소곤대는 소리
손 잡은 툇마루와 장독대가 한가롭다

개울물 건너 언덕배기
달맞이꽃 바라보면
산골 소녀 생각 절로 난다

누가 그 이름을 지었을까
이 꽃 저 꽃 향기에 흠뻑 젖다가 그 꽃잎에
향수 한 소절 별무리로 피어난다
오뉴월 햇살 한두 줄기 꽃잎에 앉는
어느 날 한나절

능소화

하늘 높이 울리는
새소리를
나팔에 담아 둘까

새가 날아간 자리
여름 햇살 빨아들여
높은 곳에 올라 핀
금방이라도
그리움으로 손짓하는 붉은 꽃송이

담장 넘어 꽃등 밝히다
미련 없이 투신하는
뜨락의 능소화 위로
속절없이 뙤약볕이 지키고 있다

칡과 등나무

사랑해
사랑해
칡넝쿨은
등나무를 껴안고 놓지 않는다

사람들은
칡과 등나무가 얽히는 게 갈등이라고 하지만
다툼과 불화는 먼 나라 일

밤과 낮이 없는 뜨거운 포옹
보라 향기 내뿜는다

그의 삶은
우연일까 필연일까
연리목 되어 떨어질 줄 모르고
영원히 반려자로
그렇게 너도 살 수 있다

하룻밤 바다

더위를 식혀줄 바람
아파트에 가로막혀
시름겨워 도시를 떠나
한걸음에 수평선 해변에 닿았다

가물가물 추억 몇 줄이
끼룩거리는 갈매기 울음소리로
파도와 같이 밀려왔다

마지막이 될 줄 모를
싱그러운 대천 바다
파돗소리가 노을을 희롱하면
주체할 수 없는 기쁨의 눈물이
하염없이 바다로 흘러간다

유리 우산

나뭇잎 흔들리는 소리
빗방울 구르는 소리
매미 울음소리

우산이 자연을 모두 품어
자연 속에 묻힌 티끌 하나

한결같은 아침 산책
가사 악보가 없는
구김살 없는 초록의 무대

유리우산 받쳐 들고
한나절 햇무리 기다려요

꿈꾸는 양귀비

아침이면
새들은 저희들끼리 하늘길 만든다

가족은 세상살이의
오아시스 쉼터
끝 모를 사막을 걸어도
혈맥은 등불이고 둥지다

꽃이 피고
향기와 빛깔의 흔적을 남기기 위해
지상에서 남겨 놓을 길 하나
민들레 모여 사는 뜨락에서
한 송이 양귀비꽃을 꿈꾼다

안개가 자욱해도

사랑은
별과
꽃과
가슴속에 뿌리내린
그리움 곁으로 다가가 보는 것

바람이 불거나
비가 오거나
어깨 나란히 공간을 나누어
커피향에 취하고
가끔은 눈물로 헤어지는 것

밖에는 안개가 자욱해도
우산 속에는 둘인 듯 하나인 듯

세 음절
사·랑·해·가
하루를 달구고 있다

비스듬히 눕는 소리

풀벌레 울음 자지러지고
구절초가 길목을 지키고 있다

단풍 한 잎 두 잎 내려앉아
가을을 떠날 무렵
추심은 깊어만 가고
언덕배기 등골나무
달밤을 비스듬히 눕는 소리에
시름이 쌓여

가을 찍는 스냅 사진 한 장 붉어
세월을 잊었네

2부

오두막 풍경

짐 하나 나누어

살다 보면
비처럼 훗 뿌리는 삶이 있다

정처 없이 떠도는 낙엽을
우두커니 바라보면 울컥거리고
그리움이 밀려온다

누군가의 삶이 지치고 비틀거릴 때
짐 하나 나누어서 질 수 있다면
헛되이 사는 것 아니겠지

산수유꽃 다시 찾아와
미소를 건네주고
겨우내 오므라든 가슴 활짝 편다

따라쟁이

가을은 그림자에서 온다
매일 하늘을 우러러
강물 위에 아침 해를 만날 때
바람인가 돌아보니 긴 그림자 서 있다

발을 돌려
그림자 앞에서 팔 돌려
행동 그대로 하는 저 검은 얼굴
반듯한 길 가라 하는 스승인가 보다

길섶에 망초꽃 손 흔들어도
강물만 흘러가는 것이 아니다
오래 묵은 눈물 시린 기억도
더불어 흘러간다

가을이면 단풍잎 소리로 오지 말고
목마른 영혼 적셔줄 성령의 그림자로
다가서면 좋겠다

낙엽은 채찍

낙엽이 모여 모여
인도를 갈색 카펫으로 깔아 놓았습니다
미루나무 한생이
허공을 떠돌던 바람을 타고
가을을 떠나갑니다

비바람이
초록을 난도질하고
새집은 빈 둥지가 되었습니다

가을을 닮아
윤기 잃은 살결 시름겨워
욕망도 아집도 다 내려놓고
푸르고 넓은 하늘을 바라봅니다

가을은 채찍
비움을 살찌게 하는

오두막 풍경

도심 오두막에
아프리카 여인 젖가슴 닮은
둥근 박이 매달려 있다

한적한 시간
태양은 나들이 나오고
객손 미래를 헤아린다

멀리서 돌아온 탕자
팔 벌려 품어주는 오두막

속임수로 오른 대청봉

설악산 대청봉 등정하기 위해
멋모르고 중얼대며 오른다

단풍의 손짓에
곁눈으로 경치를 훔치며
앞만 보고 걷는다

앞선 산꾼들 내려오며
얼마 안 남았다
거의 다 왔다
간지럼에 이끌리어
어느새 대청봉 꼭대기에 섰다

천하를 얻은 듯
산장의 꿀잠은 깃털을 만들고
동해 일출이 코앞에 선명하던 그때를
가끔 꺼내 본다

비로 그린 수채화

동창을 두드리는 빗방울
오밤중 잠을 깨웠네요

오래 잊고 감추어 두었던 그리움
한 줄 찰나의 빗방울로 다가와요

오동잎에 빗방울로 매달린 기억
편지를 띄우고 싶네요

늦가을 빗소리로
잠시 침상을 지나간 그대
밤마다 쳐다볼 수채화를 남기고 싶어요

한 소절 연가

나이 들면
마음도 늙어지는 줄 알았는데
들녘에 코스모스
어쩌자고 나를 흔드나

새털 되어 날아간 줄 알았는데
아직은 소녀로 남아 있어
오다가다 귀향길에 마중 나온 코스모스
내 옷자락 붙드는구나

해가 기울어 밤이 되어도
한바탕 바람 따라 흔들리는 가슴
가을 길가에서
들려오는 연가 한 소절
늙음을 지워버렸네

하늘빛 강물

낙엽 하나가
바람을 싣고 강물에 흘러간다
따라가는 시간 위로
젊은 날 엄마가 지나간다

후회 회한
끝없이 반복되는 헛된 욕망을
강물에 띄어 보내고

비운 뱃속을
하늘빛 강물 한 모금으로
오장육부를 적신다

하늘 공원에서

파아란 하늘을 바라본다
햇빛과 바람이 만든 은빛 물결
소슬 바람결에 홀로 있기 힘겨워
서로 머리를 맞대고 껴안는다

바람 연주에 따라서
억새의 선율이 하늘로 퍼진다
늦가을 서정 키다리 무리에
석양에 흔들리는 하늘 공원

추심은 깊어지고
억새 닮은 내 흰머리
붉게 물든다

가을빛 울음소리

앙상한 나뭇가지 사이로
가을이 지나간다
푸름이 시들어 실핏줄 끊어지는
가을빛 울음소리

정답고 쓸쓸한 계절
왕성했던 삶의 나날 마치고
고별의 춤사위
마지막 날갯짓하는 은행잎 위로
서늘한 바람 한 줄 머문다

뒷모습이 아름다워야 하는 이유를
발가벗은 저 나무는 보여 주고 있다

가을에 묻는다

바다 빛깔 하늘을 바라보며
갈까마귀 줄지어
어디론가 날아간다

눈송이 구름 가득한 푸른 하늘
알 수 없는 여로
새소리 바람에 실려 귓가로 들려온다

나뭇잎은 떨어져
미움, 사랑도 한 겹씩 쌓이고
단풍나무 몸을 풀어 한 문장 태어나는
오나가나 방랑의 몸집

이대로 좋은가
가을에 묻는다

가을 서정

찬바람이 몰고 와
시월은 가고

상수리나무 서걱대는 소리
들리는 듯 안 들리는 듯
지난 것은 그리움인가
잎 떠난 나뭇가지 그늘이 진다

늦가을 해거름 앞에
붉디붉은 하늘의 금빛 융단
아직도 단풍이 붉게 타오르는데
어디선가 세찬 바람이 몰려와
혼비백산 흩어지는 나뭇잎

갈잎 소리에 사방마다
계절을 떠나는 울음이 타오르면
옛사랑은 어디쯤에서 돌아설까

어느새 내 하룻날도 저물어
희미하게 들려오는 억새 소리에
밤을 눕는다

부요한 동행

갈대는 서로 몸을 비비면서
고요한 하늘을 본다

태양은 한낮을 불사르고
황금빛 수천만 송이로
또 하나의 축제를 펼친 황화 코스모스
향기에 마음이 빠진다

육신은
세월에 익어가는 더할 나위 없는
티 없는 사랑으로 물들이는 네가 부럽다

누군가가
꽃을 닮은 얼굴이라고
청춘을 여기서 돌려받고 싶다
물의 정원 하늘, 하늘이

동백은 떨어지고

장사도 골짜기에
잔인한 비바람에 동백꽃 송이가
핏빛 울음으로 젖어 있다

달빛이 머물고 간 자리
동박새는 목젖 터지도록 울고
노란 속살 알알이 드러난 꽃잎
붉은 가슴 부르르 떨다
한순간에 떨어진 동백의 한생

꽃은 가도 열매 맺고
내년을 기약하지만
내 앞길 알 수 없구나

노을

매일 똑같은 듯하면서도 다른 모습이다

어제는 노란 칠을 하고
오늘은 붉은 옷을 입고
내일은 어떤 패션일까

이글이글 타오르니
나도 붉게 물들고
너도 붉게 물들었구나

종착역 가야 할 길 숨길 수 없어
나는 어디로
너는 어디로

노을은 하늘에 그림을 그리고
나는 골방에서 묵상기도를 한다

자연과 책

허공에 바람 소리
숲속 새소리
자연은 사람에게
기쁨을 전하는 전도사

봄꽃 향으로
여름 녹음으로
가을의 푸른 하늘로
겨울에는 기도하는 손

책은 친구와 같아서
새로운 세계를 걷게 하고
빛 밝은 노년을 보내게 한다

때로는 철없는 아이
한 손에 자연을
또 한 손에 책을 들고
세상 길 달콤하게 지혜를 안겨준다

소나기

장독 덮어라
빨래 걷어라
느닷없이 후드득

맨발로 뛰쳐나가 설거지한다
땅이 뚫어지게 한줄기 퍼부으면
마당에 실개천이 흐르고
잠깐 사이 바람 타고 지나간다

소나기는 여우인가
언제 그랬느냐는 듯이
호박잎에 수정 구슬 남기고
숨어있던 햇살이 눈부시게 나타난다

오만 근심 말끔히 씻어가고
시원한 새 힘을 쏟게 한다
서쪽 하늘에
무지개 방긋 웃는다

평등한 세상

시리고 시립다
귀 끝에 스치는 손길
높낮이 없는 누리
평등한 세상을 만들고자
소리 없이 눈이 펑펑 내리는 밤

앞산 첩첩이 쌓이고 지척도 폭설에 갇혀
숲속에서 뛰어나온
계절을 잊어버린 부엉이 울음소리
소나무 몸통으로 파고든다

눈은 흰빛으로
욕심과 불의의 세상을 사랑의 숨결로 덮어준다
순백 녹아 질척이면
감당할 수 없는 슬픔이 오는 거
오늘 내린 눈 제발 녹지 마라

계곡물

돌 틈 사이로
외딴길 여울물 넘어간다
바람 소리 귀에 모두우고
산과 들 지나
바다로 흘러가는 여정

흘러가는 건 물만이 아니다
사랑
인생도
머문 듯 보이지 않게 시간이 흘러간다

너와 나
오늘도 어깨 겯고
희로애락 가슴속 지닌 채
계곡을 나와
영원 생명의 길 떠난다

그 길을 걸으며

강물 따라 걷는다
바람 따라 흘러간다

하얀 옷 검정 옷 입은 철새
끼리끼리 강물 위에 자맥질하고
처음 만나 낯섦 없이
함께 어울릴 수 있는 곳

일렁이는 물결
윤슬이 반짝일 때면
가슴속 솟구치는 먼먼 그리움

한강은
잊힌 첫사랑을 만나는 맛집이다

통곡의 길

옛날 여옥의 노래 하나가
추억의 꼬리를 몰고 온다
그때 하늘은 어땠을까
여름 땡볕 머리에 이고
경부선 신작로에 남쪽으로 남쪽으로
떠밀려가는 피난 보따리

소 등짝에는 짐보따리
손수레에 할머니가 앉아있다
새파란 사내 아이는
어디에도 볼 수 없었다

전쟁으로 넘어가는
팔부능선 통곡의 길
지금은 핵무기 자랑으로
숨통을 조이는 반쪽 땅
옛 생각에 눈물이 그렁그렁하다

그냥 그렇게 연주회

아침 공기가 흐리다

나그네는 맑기를 바라고
밭일 나가는 아낙네 흐린 하늘 바라고
농부는 비 오기를 기다리네

하늬바람에
보리밭 가르마 여리고 순한 잎
넘실거리는 들판
여름 햇살 듬뿍 입으면
부유한 그림 계절의 빛 펼쳐 놓는다

내 마음
뜬구름처럼 창공을 흘러가면
봄여름 가을 겨울
연주회 무대를 펼치고 뒤돌아보지 않는
그냥 그렇게 강물 같은 세월로
흘러갈 수 있을까

3부

햇살과 통정

가난은 수치가 아니라

국민학교 입학 무렵
한국전쟁이 막을 올리고 가난을 배워야 했다
배움이 불타올랐지만
공부는 사치였다

몸이 자라 부모 곁을 떠나고
신접살림 시대를 열었다
남편은 언제이고 책과 씨름을 할 뿐
먹고사는 일에 앞장서지 않고
동문서답의 길을 굽히지 않았다
가정경제는 내 몫이 되었고
총대를 멜 수밖에 없었다
육신은 부서지고 정신은 칼날처럼 날카로웠다
가난은 수치가 아니라 자랑이었다
누구도 돌멩이를 던지거나
손가락질하지 않았다

봉제공장을 운영하며
동대문 남대문시장을 발이 부르트도록 다녔다
비 오는 날 눈 오는 날에도

고단해도 삶 한편으로는 가볍고 즐거웠다
가난을 알아준 하늘은 봄 여름 가을 겨울
어김없이 안방 장롱에 물질을 채워 주셨다

글벗은 단비

모래알보다 많은 사람 중에
꽃잎으로 안아
심장을 뛰게 하는 사람

해넘이도 해돋이만큼이나
아름답게 팔부능선을 지나간다

앞서거나 뒤서거니 거드름 피우지 않고
메마른 삶에 단비와 같은 사람
그대와 함께
잿빛 도시를 손잡아 적시리

바람에 날리는
꽃씨 닮은 그녀
글벗은 나의 멘토다

내 목은 왜가리

화창한 날에는
세상 욕심 다 비우고

그리울 때 목마르게 사느니
푸른 강물에 잠겨있는 추억을 찾아
가없는 바다까지 단숨에 달려간다

동에서 해 뜨고
서에서 해 지는
왜목마을 바닷가

수평선
하얀 거품 무늬 한 아름 품고
솟았다 내렸다 수를 놓는다

철썩철썩 파도 소리
지는 해 눈부셔
목을 한 뼘이나 늘이는
나는 한 마리 왜가리

만년 푸른 날

시인이 되어 보겠다고
별빛 같은 꿈을 키웠지

여기저기 학습을 기웃거리며
험하고 험한 낯선 길
불면의 밤으로 새벽을 열었지

이제 스스로를 돌아보는 시간
곰삭지 못한 떫은맛으로
훈장으로 자랑하는 주름
뛰는 가슴에 손을 얹어 만년 문학소녀
푸른 날 그려본다

녹색 가로수 우거진 거리에
늦바람 흥겨워 홀로 불러보는
옛 시인의 한 소절 노래
어스름 내리는 골목에
목청을 부려 놓았다

열매가 익을 때까지

어쩌면 좋을까?
감당할 수 없는 포로가 되어
잘 익은 삶의 이야기
강의실에서 귀를 세우고
저리 쉰 목소리로 한 보따리 건네주어도
얼른 담지 못한다
그래도 생각이 깊어지는 것은

옥죄는 말의 향연 속에서
얼굴 가득 머금은 뜻 모를 미소가
나를 찾아와준 빛과 그림자
해 저물어 발길 멀어지고
열매가 익을 때까지
주름진 가방 가슴에 품고
향기로운 시간을 조일 것이다

옹고집과 춘설

늦은 밤 책상머리에 앉아
가난한 학구열을 깨우치는 연필 굴리는 소리

백세 시대에 무슨
글만 잘 쓰면 되는 거지
팔십이 뭐 어때서

뒤늦게 내리는 철없는 춘설
칼바람 말 듣고 돌아서 부끄러움도 없이
입단속 임무 교대 어른거리는
갑과 을 사이

하릴없이 나이만 배불린 죄밖에 없어
서녘 붉게 물들인 구름 한 조각
욕망의 열차는 앞길만 달린다

이제는 동작 그만

봄 탓이다

때 묻은 일상을 하루쯤 접어두고
그대 손잡고 벚꽃 활짝 핀
석촌 호숫가를 걷는다

봄이 되면 나아질까
여름이면 좋아질까
가을이면 물러가겠지
겨울엔 얼어 죽을까

코로나와 싸우면서
미완성 삶은 되풀이되고
슬픔으로 덮인 어둠의 장막
이제는 동 작 그 만

봄산에 초록 웃음소리
기대해 보련다

풍경

시심이
글숲에 모여 모이를 쪼아댄다

눈물도 웃음도 한데 버무려
노을져가는 시간 속에
맛깔스럽게 녹여낸다

수줍어 함부로 들어내지 못하는
살아온 속내를 삼삼오오 모여
찻잔 위에 띄운다

글들의 사랑채 창문에
졸고 있는 어느 날 저녁
시를 먹고사는 참새 무리
옹알이 바라보는

뻐꾸기 몇몇 목을 늘이고
고요가 깃든 어스름 속에서
울음의 곡조를 늘어놓는다

한 계단씩 이모작

누가 등 떠민 게 아닌데
무엇에 홀려 한없이 끌려간다

늦은 오후 시 한 줄 붙들고
때늦은 이모작에 호미를 들었다
흙냄새 물씬한 소재를 찾아
초록인 듯 노랑인 듯 안개 서린 무지개
잠자리마다 한 줌 열매를 꿈꾼다

잎진 가로수길 정처 없이 걸으며
시나브로 가슴을 적시는
못다 부른 노래 흥얼거리며
오늘도 스스럼없이 한 계단씩 오른다

한마음 동행자

진흙 마른땅 가리지 않고
봉사의 자세로 발을 감싸고
수많은 길 위에
앞장서 땀과 눈물 뿌려 놓은 신발

눈이 쌓여야 비로소
몸을 낮추고 뒤따라오는 걸음
언제나 하얀 모습 아버지 고무신
생각할 때마다 눈물이 솟아난다

주인 섬기다 조개껍질이 되어버린
너와 나 한마음 이어가는 허물없는 동행자
길은 멀어도
가끔 쉬면서 가다 보면
어디인들 가지 못하랴

후회할까 봐

비 오고 바람까지 불어
갈잎 엽서 유리창에 나불거릴 때

멈칫 다가가지 못하는 마음
그냥 내버려 둘까 생각하다가
임과 눈 맞춤하고 싶어
쓰지 않은 것을 후회할까 봐
얼굴 붉히면서 쓰다 지우기를 반복한다

어떻게 써야 할지 막막하고
별다른 도리가 없으면서
온산 붉은 잎과 아픔을 나눠 볼까
밤마다 생각은 만 리를 가고

아직 난 누군가에 빠져 있다
시 사랑

"내 시를 읽어 주는 분이
 한 사람이면 충분하고
 열 명이면 행복하죠
 백 명이면 위대한 일입니다"

비탈진 눈동자

낙엽이 어디론가 흩어진 늦가을
해는 벌써 지고

오늘따라 생각이 깊어져
비탈길 오른다

누군가의 발자국 소리 들려
뒤돌아 마주친 눈동자
누구세요
한 번도 본 적 없는 60줄 여자
같은 방향이지만
혹시 도와줄 일 생길까 봐
줄곧 따라온 하늘 빛깔 마음씨

누군가에게 어둑한 마음 밝혀줄 수 있는
그런 향기가 되고 싶다

작심삼일

방금 닦은 유리창
마중물 한 그릇 떠 놓고
연중 계획을 세운다

풍진세상 실타래를 풀고
말씨 바꾸고
옷차림 바꾸고
연필 바꾸고

작심삼일도
열 번 모이면 한 달이 된다
다시 한번 신께 목마름을 올린다

나중이란 영원히 오지 않을지 모른다
생각이 녹슬지 않도록
거울 앞에서 옷깃을 여민다

종소리에 이끌리어

고단한 청춘 남루한 삶
흰머리칼 사이로 봄비가 내린다
지팡이가 일으켜 세우는 망구
넘어질 듯 쓰러질 듯

한때는 야망에 들떠
집착에 목메던 허영들
가난 속에서 오롯이 섬기던
십자가 종소리에 이끌리어
서녘 별에 발자국 찍어놓은 대림동 향기
하늘에서 내린 은혜 여기까지 왔다

이제 골짜기 지나 시냇물 흐르듯
머잖아 흙으로 돌아가려 하는 영혼
세월 앞에 장사 없고
정답도 없다는 말
그 한마디에 빛바랜 한 길이 저문다

새롭게 굴러가는

젊었을 때
자전거로 꾸며가는 인생

지금은
시로 꾸며가는 인생이다

바퀴로 굴러가다
글자로 굴러가는 시간이 되었다

하늘이 내려준
날개 달린 웃음꽃 한 아름

햇살과 통정

햇살과 비는
초가을 풍경을 가로질러 간다
풀밭 지나 들판 위로
첩첩 산과 굽이치는 강
시침을 따라 쉼 없이
어제 오늘 휘리릭 지나간다

하늘 한번 올려다보고
서투른 시심 손 벌려 기도하면
반짝이지 않더라도
초록의 영감 떠올라
햇살과 도움으로
삶 속에
아름다운 수를 놓는다

상념

아침 햇살은 윤슬로 반짝이는데
끝없이 부풀은 상념의 근원
심연을 들여다보네

꽃 피고 지고
해와 달은 돌고 도는데
잡을 수 없는 꿈을 붙들고 있을까

너무 늦었다 하는 말과
괜찮다 하는 말이
무수하게 귓불에 스치네

자나 깨나 오직 한 길
길가의 들국화 같은
삼류 시인이라도 좋다
생명 다할 때까지 한길을 가고 싶다

4부

만삭의 달빛

내 눈은

강변을 걸으면서
푸른 물결의 일상에 켜켜이 쌓인
때 묻은 마음 씻고 싶다

넓은 강을 보면
마음도 한없이 넓어지고
푸른 물결 따라 가슴은 요동친다

강기슭에 길 잃은 왜가리 한 마리
또 한 마리
날갯짓하며 몸을 풀고
동무 찾아왔을까
제짝 찾아왔을까

젊은 과거로 돌아가
원앙 한 쌍이 앉아 있네

시 읽는 소리

온통 빗소리뿐이다

햇빛 바람이 주인인 여기
비에 젖은 비둘기 참새들
사이좋게 빈터와 벤치를 맴돈다

나이를 잊은 늙은이 젊은이들
때로는 기쁜 얼굴로 때로는 슬픈 얼굴로
숲 향기 마시며
끊임없이 솟아오르는 글 읽는 소리

비는 그치지 않고
푼수도 모르는 흰 세월 하냥 젖는다
우산 속 함께 걷는 시간들
짧은지 긴지 모르는 서울숲 하루 여정

언제나 그 자리에 달리고 있는
생명 없는 말발굽 소리
시를 앓는 몸살이 귓불에 내려앉는다

선풍기

철창에 갇혀
날개가 있어도 날지 못하고

싱숭생숭 가슴에
바람을 불어 넣어
마음을 달뜨게 한다

가끔은 옷 속으로
가슴을 넘보는 뜨거운 손길
만날 수 없는 애인의 숨결로

말없이 동행하며
소리 높여 화음을 맞추는

가을이면 미련 없이 떠나가는
여름 한철 시한부 연인이여

세월의 멍석 위에

주황으로 물드는
찰나의 시간이라도
빛바랜 감성을 살리고 싶다

하늘의 뜬구름이 가르쳐 주는 대로
세월의 멍석 위에 벌렁 누워
옛적 아동으로 돌아가
별을 세고 싶다

뒤늦게 들어선 짝사랑 하나에
온몸을 걸고 포돗빛
입맞춤을 길게 하고 싶다

사노라면

거울에 비친 세월을 물끄러미 바라본다

한때 삶의 길에서 아둥바둥
땀방울이 온몸을 적실 때
식솔들에게 따스한 말 한마디
건네 주지 못하고
세상의 밀물 썰물에 밀리고 밀려
저녁 어스름 강물로 흘러간다
시간을 다투어 오로지 삶을 위해서만
바둥거리던 지난날
어디까지 내려가야 용서받을 수 있을까

일상의 어긋난 순환선에서
다리는 뻣뻣하고
시절은 늘 수상하기만 하다

모든 것은 사라진 뒤에야
소중하게 다가오는 법이지

아마도

어떤 것도 두려워하지 않는
한때는 파랑새 날갯짓을 꿈꾸는 청춘이었다

지금은 백세시대 살고 있는
지문이 거의 닳은
'시(詩) 누이'

익히며 대견해 하는
즐기며 흐뭇해 하는
좇으며 뿌듯해 하는
섬기며 즐거워 하는

시 마당 초대 요리사
입맛이 뒷말을 한 움큼 낳는다
한사코 시듦 모르는 미소진 얼굴
당당히 시대를 힘차게 걸어가는
노년의 청춘
꿈꾸던 내 한 시절이 기다리고 있을 거야
아마도,

아무것도 아닌 것을

화살로 날아온 말이 심장을 겨누면
오랫동안 마음이 아프다

긴긴 눈을 감지 못하는 밤
돌아눕고 뒤척이며
지나온 시간을 돌이켜본다
들꽃 같은 사람의 일생 아무것도 아닌 것을
이제는 다 내려놓으라 한다

화내지 말기
마음 넓게 하기
같이 걸어가기

글 한 줄이 가을바람 소슬함에 젖어
따듯한 말 건네는 지혜를 얻을 적에
인생 풍경
햇빛과 바람 하나 되어 춤추리

다 내려놓고

나이가 들면
참견하던 것
아는 체 가르쳐 주던 것
잘난 체하던 것
다 내려놓고 말문을 닫는다

한 송이 백합화로
유년 시절 강가를 찾아
해 질 녘까지 첨벙 뒹굴며
웃음소리가 허공 구름에 닿도록
산산이 흩어졌으면 좋겠다

호박죽 곁에 두고
익어가는 인생 끝자락 공부

알량한 자존심 버릴 때면
그제야 마음 뜨락에
은은한 너그러움이 꽃 핀다

녹이고 삭이고

외로움이 머릿속 떠돌 때
용서해 달라는 노랫말
텅 빈 항아리에 채워진다

양초 눈물 녹아 사방에 어두워질 때까지
상처받았다는 마음 어루만지며
침묵의 소리 침착의 소리 들려온다

어디서 왔는지 겨울 빗소리 부산하게
가슴에 스며들어
어느새 얼굴은 미소 머금는다

지나고 나면 모두가 부질없는 일, 일들
지는 게 이기는 것이라고
한나절 성가가 방안 가득 울려 퍼진다

둥근 것은 아름답다

둥근 것은 아름답다
해 와 달은 우주에서 둥글게 살고
콩은 지상에서 산다

콩은 허물을 벗기 위해
도리깨 아래로 납작 엎드리고
공중을 한 바퀴 휘돌리며
매를 맞을 때마다
껍질 터지고 콩대 부서지는 소리
산골짝 그득 메아리친다

어미 자궁을 나와
새길 가는 두부와 메주
부럽다 명문가 얼굴

디딤돌과 징검다리

지난 여름이었나
이번 겨울이었나

수직의 디딤돌
수평의 징검다리
디딜 때마다 자주 흔들거린다

기우뚱거리는 몸으로
강둑 위에 서면
아득히 펼쳐지는 물길

이 길을 걸으며
시 한 편 쓸 수 있다면 얼마나 좋을까
마음은 언제나 시인
무소의 뿔처럼
오늘도 겨울 길 홀로 간다

다시 어린애가 되어

겨울 문턱
강변에 멈춰 서서
저물어 가는 한때를 바라본다

느릿느릿 옆으로 눕는 구절초
꽃보다 아름다운 백발이 눈부시다
오물오물 중얼거리는 치매 걸린 입
늙어서 쓸쓸한 황혼의 길
꼬옥 손잡은 딸

두 다리로 걷다가
세 다리로 걷다가
네 다리로 기어가는 길

다시 어린애가 되어
엉금엉금 되돌아가야 하는
인생 끝자락
어머니 눈언저리에
늦가을 서정이 뭉클하다

대답 없이 쓸쓸한 미소

기러기도 가을이 되면
끼리끼리 노래를 부르며
날개 빠른 새가 되어
높고 낮게 어디론가 훨훨
돌아갈 몸짓을 한다

한강은 서울을 지나
서쪽 바다로 길을 내고
영원한 생명의 시간으로 출렁거린다

봄 여름날 푸르름 시들어져
흙으로 돌아가고
생각이 깊어지는 계절 앞에서
젊었던 싱싱한 기운 떠나고
이웃도 하나둘 돌아서고

살아온 이력에서
쓸쓸한 미소만 두터워져
대답 없이 외롭지 않은 삶이 어디 있으랴

말은 둥글게

가슴을 베는 시퍼런 혀
죽비로 후려치는 매운 말
귀속에 가시가 박혀요

경계선을 넘는 무례함에
입속에 가시가 박혀요

말은 둥글게 해야 하는데
자꾸만 세모 네모가 튀어나오니
아무도 아프지 않게
모서리를 깎아야겠어요

아등바등 올라가려 하지 말고
말이라는 악기를
단호박처럼 연주해야겠어요

만삭의 달빛

청명한 가을을
가슴에 담고 싶을 때
눈을 뜨면 보이지 않아도
눈을 감으면
어머니 모습 설핏 보인다

들녘에 반딧불이 지나간 자리
늦가을 마른 잎 사이로
솜털 옷 입은 호박
보름달은 어머니 만삭처럼 배부르구나

나도 모난 데 하나 없는
누런 호박이 되어
둥글게 둥글게 그렇게 살고 싶다

미로

시의 맛이
새콤달콤 쌉싸름하다

하루가 다르게
새순 돋아나는
오월의 신록처럼
두리번두리번 눈동자는
허공에 흩어져 있는
시의 씨앗을 찾아

오늘도
번지를 알 수 없는
미로를 헤맨다

5부

겨울 사냥

12월 모퉁이에서

물음표와 느낌표 사이
머뭇거리다 끝내 하지 못한 말
가슴에 멍울로 남아 있다

눈이 부시도록 빛살 쏟아지는 날
너와 나의 간절한 기다림이
헛된 세상에 묶여 깨어진 약속

한겨울 함박눈 한길이나 쌓이거든
귀 시린 삭풍 묵묵히 견디다가
새해 여명이 피어날 즈음
네 작은 웃음에서 햇살처럼 꽃은 피어나겠지

밤하늘 별처럼 순결해지는 고백
삼순이 강물이 느릿느릿 흘러가는
12월 모퉁이에 기대어
일기를 쓴다

기계 국숫집

먹장구름 뚫고 다가오는
발걸음 소리 들린다

국수 기계 면발처럼
비가 주룩주룩 내리면
흑백 사진으로 되새기는
기계 국숫집

대나무 가지에
주렁주렁 매달린 하얀 국수
햇살과 눈맞춤 바람 더불어 놀 때
소나기 떼지어 지나가면
허겁지겁 걷어들이던 손

장터국수 먹을 때마다
떠오르는 가난이 부끄럽지 않던
젊은 날 울 아버지 길다란 밥줄

급행열차와 간이역

때 없이 찾아오는
그리움을 어쩌란 말인가

청명한 하늘은 가을을 펼쳐 놓았다
누군가 보고 싶을 때
그리운 사랑을 가슴에서 꺼내자
이런저런 이유로 머뭇거릴 때도 있지만
열차를 타고
오롯이 한마음 여행을 가자

굵은 빗방울 옷깃을 적셔도 무슨 상관인가
벌써 초록은 과거로 떠나고
저렇게 붉게 단풍 드는데
내가 설령 내일 죽을지
또 네가 그렇게 죽을지도 모르는데

오늘 입속에서 아침 이슬로 돋아나는 휘파람 소리
가슴 울렁거리게 하는 그런 날이면 좋겠다
급행열차는 저리로 갈 길 바쁘고
시의 길은 끝없이 아득하건만
간이역에서 그리움만 줍고 있다

그리운 것은 가고

눈이 내리면
하던 일 접어두고
커피 향 짙은 카페로 간다

늙어가는 희망을 시로 써서
제일 먼저 떠오르는 그 사람
호주머니에 깊숙이 넣어주고 싶다

오늘 하루만
함께 저물어 가는 사람
잊고 지낸 사람 불러내어
난로불 정 나누면 얼마나 신명나는 일인가
기쁨 슬픔 그리운 것은 가고
빛바랜 세월이면 눈물까지 마르게 한다

하늘이 베푸는 계절의 선물 한아름
내 머리에 하얗게
소리 없이 내려앉는다

그 집 앞 연둣빛

그 집 앞을 바람처럼 지날 때면
심장이 뛴다

아련히 떠오르는
잊히지 않는 그 이름
신선하고 향기로워
비 오는 날이면 은구슬로 빛난다

지금 다시 생각하면
사춘기 소녀 그 웃음소리
하늘빛 꽃의 이름

어느덧 녹슨 시간에서 태평양 건너
세상을 둥글게 깨우쳐준
바람으로 온 그 사람

끊임없는 정감에 지구촌 어디든지
우리는 하나되어
연둣빛 추억 한 장 남겨둔다

겨울 사냥

대관령 바윗길에 눈이 쌓인다
곤돌라가 데려다준
발왕산은 천상의 정원

강릉 앞 바다에
겹겹이 포개져 누운 능선
비린 바다 내음 들려온다

하늘 아래 첫 봉우리
수백 년 살다 장승으로 서 있는
눈꽃 입은 고목 사이로 햇볕 한 줄 솟는다

가파른 빙판길 오르내리는
스노우보드, 스키들
젊음이 뿜어내는 웃음소리가 부럽다
마스크로 무장한 세 딸
겨울 사냥에 추위가 달아난다

관계가 뒤바뀌다

잔잔한 가슴에 누가 돌을 던진다
병원 침대에 누워 눈 감은 채
고막을 울리는 소리 가만가만 듣는다
아무런 표정 없이
남 앞에 한 번도 보여 주지 않던 육신이다

눈을 떠서 살아 있음을 확인한다
손을 잡아주는 딸아이
곁에 있다는 사실이 뭉클하다

불청객으로 찾아온 둔탁한 소리
주춤거리던 백발이 더욱 희다

이제 나는 어린아이가 되고
딸은 엄마가 되고
관계가 뒤바뀌고 있다

고들빼기

겨우살이 창문을 열고
얼굴 내민 고들빼기

양지바른 들판에 피어난
삼순이 웃음꽃 들풀처럼 번지고

봄나물 바구니에 담근 손
싱그러운 봄 내음에
세상이 향기롭다

손톱에 낀 흙먼지가
솔바람에 나부끼던 그때
숙성된 그리움이 수채화로 피어난다

어머니 옹고집

옹기종기 모여앉은 질항아리
새끼줄에 붉은 고추 검정 숯덩이 걸고
햇빛 달빛 받아 버무려진
한치도 틀림없는 제 옹고집으로
숨쉬는 항아리 속
씨간장 된장 만들었네

반질반질 손때 묻은 장독마다
아직도 떠나지 않는
어머니 모습 어려

늘 푸르게
늘 붉게
오늘도 잿빛 도시를
어머니 그리며 살아가네

오일장 풍경

빛바랜 기억이
가느다란 국수처럼 밀려온다

먼산바라기 보릿고개 시절이
아낙네의 허리 개미 같고
연둣빛 바람 물결 출렁이는
시골 오일장

어디선가 들려오는 엿장수 가위 소리
뻥이요! 강냉이 튀기는 소리
우시장 흥정하는 소리

순댓국 막걸리에 얼큰하게 취해
논두렁 갈지자걸음

동태 한 마리 등짐 지고 해질녘 걷던
아버지 헛기침에 꼬리치던 강아지가
적막을 깨우던 유년 시절

아직도, 그 남자네 집

봄날이 노랗게
활짝 핀 국도 따라 수년 만에
고향 문을 두드린다

젊음은 모두 어디로 가고
이 골목 저 골목 고즈넉한 마을

어둠을 뚫고 나온
저 모질은 생명 쑥
손톱 까맣게 물들여 한 줌 뜯는다

꿈 많고 아름답던 내 생의 황금빛 시간
머릿속에 밤하늘 별로 돋아나 반짝인다

흥부가 품고 사는 초가지붕 박꽃처럼
법 없이 살아가는 정다운 이웃 보이지 않고
골목마다 콘크리트 덮힌 길
하루 3번 지나간다는 마을버스

청원군 북이면 대율리 다락막 길 304
옛것은 그리웁고 새것은 낯선
그 남자네 집

늘그막에 나를 읽는다

순이야!
가을이다

번갈아 유혹하던 꽃들도
때를 따라 시들어 가듯이
어디론가 물 흘러가듯이
이 몸도 흘러가는 몸이겠지

한때 봄꽃 같았는데
가을 되면 초췌해진 모양새
톱니바퀴같이 흘러가는 한 생애
어느새
하늘 높이 떠가는 새처럼 이별을 연습한다

늘그막 몸과 마음 지난 세월 발자취
나만이 아는 추억 더듬으며
늦가을
공원에 떨어진 낙엽에 나를 포갠다

가을이다! 순이야

답다! 할머니

풀꽃 더미에서
허겁지겁 넘은 청춘이 지고
가파른 팔부능선 별무리를 바라본다

마음은 붉은 장미 송이
순둥순둥 "그랬구나" 하면서
고리타분하지도
무력하지도 않은
영원한 젊은 아낙, 할머니

마르지 않은 사랑을 날갯짓하며
있는 듯 없는 듯한 걸음으로
'답다'가 좌우명인
웃음꽃이 향기로운
답다! 할머니는 누군가

보 수 동 동*

어둠을 비춘 달무리가 환하다
한밤 보름달은 하늘의 등불
너희는 그렇게 보름달이었다

젊은 날 애면글면 주름살 많은 내게
너희는 한 송이 꽃이었고
한 자락 꿈으로 밤을 밝혔다

이제는 저물녘 말없이 걷는
붉게 타오르는 저녁노을이다
내 가슴에 너희는

*보수동동 : 4남매 이름 약칭

보따리 부자

올 망 졸 망
보따리 부자
자식 보따리
살림 보따리

튼실한 육신 또한
그분께 죄다 맡겨 버리고
이런저런 거 내려놓으니
몸속에서 휘파람 소리가 난다

가벼워진 몸과 맘
하늘의 뜻을 새기며
오로지 곱게 맑게
다짐하는 묵상의 그림자
석양에 길게 드리운다

지금 내 마음은

달이 바뀔수록
걷기가 힘들어진다

어디로 가고 있는지
어떻게 바위의 얼굴을 해야 하는지
이제는 일상에서 일어난 일
시시콜콜 얼굴에 나타내기도 싫다

누군들 내일을 장담하리
꽃이었던 한 시절이 그립다
오래 생각하지 말라고
너무 길면 걷기가 힘들다고
까마득하게 펼쳐진 지평선

석양 허공에 그네를 걸어놓고
온갖 시름을 날린다

의자

사람마다 모습이 다르듯이
의자도
이 모양 저 모양
제각각 얼굴이다

높은 자나
낮은 자나

차별 없이 받쳐 주고
어느 때고 자리를 펴고
한마음으로 주인을 기다린다

비어 있을 땐 외롭다가도
쉬고 싶을 때 그리워지는
아기의 엄마 무릎 의자
문득 머릿속을 지나간다

사계절 누군가를 기다리며

제발

관절의 간절한 꿈

언제부터인가
몸 구석구석 주름살만 늘어나고
주름진 어깨는
늦가을 목말라 비틀어지는 구절초

나이 들면 내일을 장담할 수 없다지만
풀잎에 고여있는 이슬 마르듯이
무릎과 정강이는 연골이 마르고
버티기 힘든 장작개비 같은 관절
날렵한 시절은 어디로 가고
지금은 한 송이 지는 꽃이 되었구나!

하늘까지 머잖은 길
숨소리 턱밑에 차오르고
감출 수 없는 불쌍한 걸음걸이
삐걱거리지 않도록
굽어살펴 주소서

핏발선 말문

가족의 의미가 무엇인지를
되새김질해 본다
함께 웃으며
때로는 함께 눈물 떨구고
서정 깊은 추억들
은총의 순간들
다시 돌아오지 않는다는 과거의 시간
그 때문에 몹시 우울하다

누군가가
요즘 행복하냐고 묻는다면
잠시 머뭇거리다
머리를 긁적거리다
불행하지도 행복하지도 않은
절반의 경계선에서
핏발선 말문을 닫는다

모항 단상

바다가 하늘인지
하늘이 바다인지
구분이 어려운 곳

시퍼런 저녁 종소리
세월 쫓아 갈색으로 울려 퍼지고
수련회 날
젊음도 늙음도 없이
감자 옥수수가 밥상에 올라 익어간다

석양에 물든 모항 바닷가
모닥불에 기타 치며 청춘을 달구는
여름밤의 향연

과거로 돌아가 잠시 머물다
지금
구부정한 흰머리로 바다를 지우고
추억만 돌이킨다

6부

들꽃으로 피어

경주의 별 그리고

신라 천년의 고도에서
동리·목월을 만났다
청수골 문우들
가슴마다 초록별 품고 소풍 길 나섰다

경주 토함의 달로 뜬
시인의 숨결로 꿈틀대던 맥박
예나 지금이나 한결같다

돌아서는 시간
향토에 뿌리내린 시혼 한줄기
소나무로 늘 푸른 기운 한 줌 받아
오늘 다시 석별의 마음 가슴에 묻는다

감포 푸른 해안
노을 붉은 해는 수평선 넘어
바닷속으로 숨어들고
청잣빛 달빛 품은 도시가
밤에 젖는다

알다가도 모를 일

빗물이 돌변하여
도시를 마구 할퀴었다
백 년 만의 폭우다
강은 넓이를 키우고
페트병 오물 물고기 더불어
황토물로 흘러간다

큰 장마 앞에선
흙탕물도 푸른 물도 한길로 갈 순 없다
눈물도 웃음도 한길로 갈 순 없다
시절은 어려워도 마음은 막힘없이 흐른다
봄이 오면 겨울은 꼬리를 감추고
해가 뜨면 어두움이 흔적을 지운다

알다가도 모를 자연의 얼굴

인간아! 인간아!
오늘도 내일도 한마음으로
하늘 우러르자

주인 잃은 한 짝

눈이라도 오려는지
잿빛 하늘 바라보고
겨울 손가락이 누워 있다

골목 싸늘한 대리석 위에
검정색 장갑 한 짝
벌벌 떨며
짝꿍이 찾아오길 기다린다

겨울밤은 차가운데

청소부 눈길 주지 않는 뒷골목에
가로등 불빛만
외로움을 달래주고 있다

싸리 빗자루

새벽부터 마른 땅 적시는
빗소리 부산하지만
황사먼지 속에 하늘은 숨어 있고
쓸어도 쓸어도 미화원의 빗자루는 쉼이 없다

젊음은 늘 허둥거리다
긴 하루가 아쉽듯이 짧은 듯
그렇게 세월은 제 갈 길을 간다

추위에도 아랑곳없이 매달렸던 갈색잎
노년 푸른 일자리
쓰락쓰락 싸리 빗자루 소리에
팔힘이 솟는다

싸리 빗자루 지나간 자리 환해지고
이른 봄 쓸어 담는 구부정한 허리를 펴게 하는
한나절 품삯으로 얼굴이 환해진다

목련은 무엇 때문에 활짝 웃고 있는가

코로나 자유 부인
– 허락받아 추방길, 동탄 미소

홀로서기 위해
보따리 하나 싸 들고 도망가는 길
자연으로 떠나는 자유부인

코로나 식구들 남겨두고
아들·딸 집 향해 기차에 몸을 실었다
가방 속에는
훗날 움막집 지을 그림 하나 넣었다

새들은 이 나무에서 저 나무로
우는 듯 웃는 듯 노래하고
나는 숲속 초록빛에 둘러싸여
새소리 바람 소리 백신을 맞는다

고독한 행복일까
입가에는 미소가 피어나고
코로나도 도망치는
나는 나는 자유부인

코로나가 뭐길래

동절기 끝자락 찾아온 손님
도대체 어디서 무엇을 하다가
허겁지겁 그렇게 왔느냐?

네가 뭐길래
이웃 간에 거리를 두게 하고
마스크를 쓰지 않으면
손가락질하는 세상 만들었니

괴물 코로나19에 빼앗긴 봄
우리가 찾던 꽃밭은 어디로 가고
위축된 거리 하늘은 알까 몰라

재앙 앞에 속절없이 무너지지만
지난날 일상을 뒤돌아보게 하고
가만히 눈을 감고 소중한 것에
다시 한 번 생각을 깊게 하는
소소한 일상생활이 행복이었다

하늘바라기 일기

바다 위에 하늘이 잠겨 있고
높은 산이 흰 구름을 지니고 살듯
마음속에 골고다 언덕 십자가 뿌리내려
봄날도 겨울도
내 마음에 자리 잡고 있습니다

웃어야 할 때 울었고
울어야 할 때 웃었던
지난날의 굴곡진 길
지금껏 살아 숨쉬고 있음은
허물을 값없이 덮어주는
님의 손길 때문입니다

강물처럼 흘러넘치는 은혜에
눈물 한 줌 올리고
오늘도 하늘바라기 일기를 씁니다

문득 바람 한 줄로

늙어가면서 말은 줄어들었고
생활은 단순해지고
욕망은 가벼워졌다

여기까지 걸어온 길 뒤돌아보며
멀리 보고 넓게 보고 깊게 보도록
담담하게 기도를 올린다

두려워 마라 내가 너와 함께하리라

시시때때로 이끌어 주는 그분의 손길
미세한 음성 귓불에 내려
감로수 같은 물을 마신다

문득 바람 한 줄로 내게 다가서는
은혜의 말씀
그 길을 좇아간다

가벼워져야 하리

석양을 보낸 밤하늘
창조주가 만들어 놓은 그림들이
인간이 만들어 놓은 건물 사이로 빛나고 있다

인간이 쌓아놓은 건물만 바라보다
놓쳐버린 푸른 하늘과 나무
별들의 미소

사랑하는 이여
이제는 욕심을 덜어내자
세상 유혹은
바람에 날려 보내자

잊어버린 황홀한 순간을 찾아
잠시 쉼표를 찍는다

이맘때

어김없이 찾아오는
한 해의 끝자락 12월 앞에 서면
왠지 몸이 움츠러든다

매몰차게 마지막 잎새 떨구고
만물이 옷을 벗는 계절인데
겨울나기 묵상으로
뿌리 깊으면 삭풍인들 무서울까

나무에 눈 내리면
철 지난 그리움 아득하기만 하다

성탄의 뜻을 묻고 또 물으며
지나온 길 돌아보는 연말
병상록을 읽으며
성탄의 뜻을 새겨본다

하나님 삼행시 그리고

하도 좋아서 입가에 웃음꽃이 핍니다

나에게 하나님을 아버지라 부르게 하시니

님은 동반자요 사랑입니다

길 잃은 영혼 어디쯤 가고 있을까
생을 담금질하는 봄밤
목마름 적시러 나직이 불러 봅니다

여호와 하나님
마음속 영원한
주인이시여

기다림

행주치마 아낙은
민어 매운탕을 끓여 놓고
이제나 올까 저제나 올까
앞산만 바라보네

기다리지 않아도 봄은 오고
붙잡으려 해도 여름은 가는데
임은 기다려도 왜 안 오시나

뜨락의 여름꽃
쓸쓸한 눈동자 바라보다
뜨거움이 서서히 식어가고
새 울음은 목이 쉬어 가는데

앞산은 녹음을 풀어 놓고
그리운 발걸음 아직도 소식 없어
오늘도 푸름을 앓고 있네

사랑이란 이름으로

수수밭 바스락거리는 소리
산들바람이었을까
단풍마저 떠나보내고

하늘엔 주먹 눈
설레이는 가슴에 눈이 쌓여
두근두근 사랑인가

세상이 꽃으로 보이는구나

그리움 가득 싣고
풍선으로 두둥실
그대를 사랑하는 까닭일까

지금의 이 마음
어디 산골이나 민박집에 달려가고 있다
사랑이란 이름으로

엉덩이에 뿌리 난다

놀러 가고 싶다
사방에서 봄바람 아우성치는 소리

아침 공기 뱃속까지 들어오고
엉덩이에 뿌리 난다
나비처럼 날고 싶다

시간을 잊은 지 오래의 삶
비어 있으면서도 채워진 듯
때때로 스스로 파티를 열어
고독을 채우고 싶다

환한 바깥 풍경
새소리 높은 음자리표가
촘촘히 매달려 있다

자전거 타기

타박타박 걸어가다
소를 보고 개를 보고

신발 먼지 가득하던 길
추억으로 가두고
굴렁쇠로 굴러간다

자전거길
언덕길도 씽씽 달린다
어디든 맘대로 갈 수 있는 자전거

세월 한아름 안고
내일을 바람같이 날아간다

모난 말 가시에

국화 향 물씬 나는 가을에
바르지 못한 마음으로
국화를 바라보면
향기 나는 시를 지을 수 없겠지요

입속에 다정한 말이 이리저리로
가시에 찢어지면
비단결 시를 지을 수 없겠지요

낙엽이 쌓이고 눈이 내릴 때면
분노 같은 것 내 맘속에서 떠나고
늙어도 귀는 밝아
모난 말 차곡차곡 가슴으로 밀려오겠지요

까치밥 두어 남은 감나무 위로
마음 쓸쓸히 여민
조개구름 한 떼가 석양빛 한 줄 머금고
어둠을 지나가고 있어요

들꽃으로 피어

한세상 정을 주고받으며
즐겁고 괴로웠던 생애 사라지고
꽃 필 때도 꽃 질 때도 닮았네

겨울 녹아 봄이 오듯이
틈틈이 가슴을 파고드는 그리움
서성이는 발걸음 붙잡네

문득 돌아보니 동고동락
소중한 순간순간이
들꽃으로 피어올라
아직은 끝나지 않은 이야기로
귀하게만 여겨지고
한평생의 저녁은 이렇게 다가와
세월이 얼마나 빨리 지나갔더냐

오늘도 시간의 흔적은 내리막길
하늘이 가깝다가 멀어지는 봄밤
아늑한 시간 속을 가면서

사진 속 미소는 혼자 우는 그것 같다

부디,
어젯밤 잠자리에 들듯
귀천의 그날
그렇게 가고 보내는 이별 되게 하소서

훗날 연습

이즈음 몸이 기울어지고
지구를 떠나는 꿈에 드리워
밤이 점점 두려워진다

도무지 풀리지 않는 풍경
마음속에 들어와
잠자리가 어지러워지면
하늘을 쳐다보며 한없이 낮아진다

거짓말처럼 왜 서두르지
세상 떨어지는 연습인가
해가 뜨거나 비가 오거나
가을철 단풍 춤추다 떨어지듯
시간의 한계를 벗어날 수 없다

삶의 무대에서 침묵을 매달고
세상은 소란해도 고요로운 마음으로
숨 한번 깊이 들이쉬는 연습 되풀이하면
우리의 훗날
겨울밤 천국 가는 하늘 백성되겠지
아~멘

해설

억새 울음소리로 서정을 낚다

안재찬(시인. 한국문인협회 편집위원)

억새 울음소리로 서정을 낚다
— 이영순 『그 집 앞 연둣빛』

안재찬(시인. 한국문인협회 편집위원)

1. 여는 말

시는 고조된 감정의 함축적 표현이다. 인간 생활에서 얻어지는 체험과 자연의 아름다움을 서정적, 운율적, 비유적, 압축적 언어로 표현하는 예술의 장르 중 하나다.

시는 울음이고 노래다. 관찰이고 발견이다. 낯익은 것에서 낯선 그 무언가를 찾아내는 것이다. 시는 경전이다. 시인의 경험과 앎의 기운이 배어있어 경전이라 일컫는다. 시는 순수고 진실이다. 그래야 시라는 이름에 먹칠을 하지 않는다. 이런 견고한 마음 바탕에서 이것을 저것으로 바꾼 새로운 단어로 시의 집을 짓는 것이다.

이영순은 험난하고 삭막한 삶 한복판에서 여름 겨울 가리지 않고 흔들림 없이 땀과 눈물을 쏟아부어 한 가정을 일으킨 여장부요 신실한 기독교인이다. 심성이 맑고 심지가 곧은 웃음이 넉넉한 여인이다. 물 흘러가듯 세월은 누구도 막을 수 없는 것, 어느새 노년이 되고 마지막 한사코 가야 할 소망의 길에서 부를 목마른 영혼의 노래가 있어 불면의 밤으로 가슴을 앓으며 시업에 뛰어들고, 이윽고 시단에 입문하는 저력을 보인다. 두렵고 떨리는 마음으로 첫 시집을 세상에 내놓고 하늘에 다소곳이 손을 모은다. 생의 여로는 이제 가을 지나 겨울로 가는 길목이다. 저무는 세월을 어눌한 입술로 시심을 불태우며 회심의 미소로 노익장을 자랑한다.

 이영순은 책 머리에서 시집 상재의 감회를 풀어놓았다. "살아온 날의 그리움을 겸허한 마음으로 되돌아보며 시의 집을 짓습니다." "나에게 시는 순수 열정이고 고통이고 기쁨입니다." 파란 많은 한생의 발자취를 따라 희로애락 숨결을 담으며 『그 집 앞 연둣빛』 시세계를 들여다본다.

2. 추억 속으로 떠나는 서정의 노래

 참 많이 늦은 나이에
 봄날처럼 온화한 도량으로
 시에 발 들여놓고 하루도 빠져나오지 못하고
 짓고 부수고 그럴수록 고파지는 날들

세상에 시달리며 쫓기고
고단한 생각을 책장 넘기듯
수많은 하루가 소나기로 지나간다
초록 바람이 봄빛 성화에 못 이겨
꽃으로 피어난다

생각의 탑을 세워
따듯해지고 까칠한 마음을 일으키는
아이의 나팔꽃같이 활짝 피워 올리는
웃음 공장, 공장장이 되고 싶다

- 「웃음 공장장」 전문

 시는 삶의 내용이고 삶 자체가 되어야 한다. 진정성에 바탕을 두고 성실함에 기초해야 울림을 준다. 시인은 악을 싫어하고 선을 행동으로 보여주기 위해 시의 집을 짓는다. 선은 도덕적이고 공동체 사회의 행복에 맞닿아 있다.
 흙 한 줌, 바람 한 줄로 세상을 나와 잠시 살다갈 뿐인데 탐욕과 소유욕의 노예가 되어 향기로운 삶을 이어가지 못한 여한, 바벨탑을 쌓기 위해 불면의 밤을 마다않던 수많은 날, 유혹을 떨치지 못한 소용돌이 속에서 자유롭지 못한 나를 통해 너를 보고 너를 통해 나를 바라본, 연민의 인간성에 대한 성찰을 담아낸 시다. 생을 살다가 어느새 해는 기울어가고 그럴 즈음에 시를 만나 움츠리고 시달린 지난날 세속을 훌훌 털고 결심을 한다. 노년의 생기에서 꽃송이가 피어난다. 고달프고 고단하던 고뇌의 인생을 거침없이 책장 넘기 듯 글로 풀어 놓는다. 어느 때고 울음은 뒷전이고 웃음이 앞선다. 내일 당장 삼수갑산을 가더라도 대변신은 흔들리지 않아 웃음 공장장으로 주위에 이름을 날린다. 나팔꽃처럼 활짝, 푸르게 맑게 따스한 마음씨로 삼백육십오일을 봄날처럼 향기롭게 갈구하는 작품이다.

먹장구름 뚫고 다가오는
발걸음 소리 들린다

국수 기계 면발처럼
비가 주룩주룩 내리면
흑백 사진으로 되새기는
기계 국숫집

대나무 가지에
주렁주렁 매달린 하얀 국수
햇살과 눈맞춤 바람 더불어 놀 때
소나기 떼지어 지나가면
허겁지겁 걷어들이던 손

장터국수 먹을 때마다
떠오르는 가난이 부끄럽지 않던

젊은 날 울 아버지 길다란 밥줄

		- 「기계 국숫집」 전문

　가난이 가난인 줄 모르던 그때가 그리워질 때가 있다. 오늘의 이 땅은 선진국 대열에 올라 그 기세를 한껏 뽐내고 있다. 자본주의 속성상 빈과 부의 격차는 날로 심화될 것이다. 그 빛과 그림자는 공존과 상생이라는 공동체 삶의 적이고 그늘을 드리운다. 인간관계는 살벌해지고 이웃이 무너져 간다. 못 살아도 인정미 넘쳐나던 5.60년대 그 시절이 생각나는 것은 무슨 까닭일까? 잘 사는 나라보다 못 사는 나라 국민의 행복지수가 높다는 사실이 그저 놀라울 뿐이다. 물질의 풍요가 더불어 평화를 꿈꾸며 살아가는 정감의 만족도 그 마음을 움직이지 못하기 때문이다. 유년과 고향은 기억의 원형을 형성한다. 유년은 시간적 차원의 원형이고 고향은 공간적 차원의 원형이다. 시는 삶의 속박으로부터 자유함을 구가하고 순수를 지향한 혈맥의 견고성과 추억을 소환한다. 기계로 뽑아내는 국수 면발은 대나무 가지에 매달려 햇살과 바람 더불어 놀다가 소나기를 닮아 순간적 연출을 즐기며 일손의 기동력을 시험한다. 장터국수는 5일 장마다 불티나게 팔리는 음식 중에서 인기 품목으로 꼽힌다. 작품 속에 투영된 시적 상상력은 봄비와 같아 소시민의 메마른 땅을 적신다. 헝클어지고 뒤틀린 생의 한 모퉁이를 새롭게 구축하고 기운을 소생시킨다. 아버지 하면 떠오르는 추억 속의 상징적 언어는 어릴 적 한가족 생계가 달려 있는, 가장의 몸과 마음을 다 바친 기계 국숫집이다.

    시심이
    글숲에 모여 모이를 쪼아댄다

    눈물도 웃음도 한데 버무려
    노을져가는 시간 속에
    맛깔스럽게 녹여낸다

    수줍어 함부로 들어내지 못하는
    살아온 속내를 삼삼오오 모여
    찻잔 위에 띄운다

    글들의 사랑채 창문에
    졸고 있는 어느 날 저녁
    시를 먹고사는 참새 무리
    옹알이 바라보는

    뻐꾸기 몇몇 목을 늘이고
    고요가 깃든 어스름 속에서
    울음의 곡조를 늘어놓는다

                -「풍경」 전문

안 되는 줄 알면서 여기까지 왔다. 불씨를 꺼트리지 않으며 조심 또 조심, 화자는 젊은 시절엔 종달새나 꾀꼬리를 좋아했을 터. 그러나 지금은 서녘을 바라보며 소쩍새나 뻐꾸기 울음소리에 귀를 기울인다. 서서히 무너져 가는 세월 돌아보며 애수에 젖어든다. 소쩍새와 뻐꾸기는 슬픈 감정 표출이 전공이고, 종달새나 꾀꼬리는 기쁜 감정 표현이 전공이다.

노년기에는 약으로도 고칠 수 없는 고독병에 걸리기 쉽다. 노년기 최고의 적은 바로 외로움이다. 모든 울음은 슬픔에 뿌리를 둔다. 고달프고 험난한 세상길에서 슬픔이 많은 것은 목숨을 부지하며 하루하루 이어가는 생의 무게가 무거운 것은 어렵고 버겁고 끝이 없기 때문이다. 산다는 건 곧 울음이다. 가을이 꺼져갈 무렵 산언덕 한켠에 홀로 서서 생의 끝자락을 흔들리며 하얗게 하얗게 울어대는 억새와 다를 바 없다. 시는 울음이다. 태어날 때 그 울음소리는 본능적 결기의 징표 목소리로 날이 차면 서서히 꺼져가는 것이다. 묵음의 음표는 노년의 노을빛 울음이다. 목소리다. 글이다.

늙어가면서 말은 줄어들었고
생활은 단순해지고
욕망은 가벼워졌다

여기까지 걸어온 길 뒤돌아보며
멀리 보고 넓게 보고 깊게 보도록
담담하게 기도를 올린다

두려워 마라 내가 너와 함께하리라

시시때때로 이끌어 주는 그분의 손길
미세한 음성 귓불에 내려
감로수 같은 물을 마신다

문득 바람 한 줄로 내게 다가서는
은혜의 말씀
그 길을 좇아간다

— 「문득 바람 한 줄로」 전문

 한 번 온 것은 반드시 가야 한다. 젊음도, 부귀도, 명예도, 사랑도, 가족도 잠시 잠깐 인연이 닿아 왔다가 인연이 다하면 간다. 나이가 많아질수록 분노나 미움 따위는 다 내려놓고 생 로 병 사 엄중한 질서에 따라 아름다운 마침표를 찍어야 한다. 빈손으로 가야만 하는 마지막 길은 영적인 마음공부가 필수다. 가벼울수록 좋은 종착역 행보를 암시한다. 사람의 감정에는 칠정(희로애락애오욕)이 있는데 이는 병을 일으키는 주요 원인이다. 인체가 외부로부터 자극을 받아 7가지 감정반응을 일으키는 것이다. 감로수는 하늘이 내린다는 이슬이다. 정갈하고 맛이 좋은 물이다. 상서(祥瑞)는 복스럽고 길한 징조를 말한다. 화자는 문득 바람 한 줄로 다가선 은혜의 말씀 좇아 생의 최후를 성찰과 반성, 다짐으로 담대하게 갈 것을 기도로 다짐한다.

'두려워 마라 내가 너와 함께하리라'

(구약성경 이사야 41장 10절).

이사야서는 상징적 행동의 기사와 예언적 이야기를 모아 편집한 책이다. 41장은; 이사야 선지자는 여호와께서 페르시아왕 고레스를 통하여 역사하심을 기술하기 위해 소송의 형식을 사용한다. 첫 번째 종의 노래는 하나님의 택하신 종. 이스라엘의 사명, 곧 이방에 공의를 베푸는 사명을 제시한다.

국민학교 입학 무렵
한국전쟁이 막을 올리고 가난을 배워야 했다
배움이 불타올랐지만
공부는 사치였다

몸이 자라 부모 곁을 떠나고
신접살림 시대를 열었다
남편은 언제이고 책과 씨름을 할 뿐

먹고사는 일에 앞장서지 않고
동문서답의 길을 굽히지 않았다
가정경제는 내 몫이 되었고
총대를 멜 수밖에 없었다
육신은 부서지고 정신은 칼날처럼 날카로웠다
가난은 수치가 아니라 자랑이었다
누구도 돌멩이를 던지거나
손가락질하지 않았다

봉제공장을 운영하며
동대문 남대문시장을 발이 부르트도록 다녔다
비 오는 날 눈 오는 날에도
고단해도 삶 한편으로는 가볍고 즐거웠다
가난을 알아준 하늘은 봄 여름 가을 겨울
어김없이 안방 장롱에 물질을 채워 주셨다

― 「가난은 수치가 아니라」 전문

  위기는 본질을 드러낸다. 그 사람의 됨됨이는 위기에 어떻게 대처하는지 그걸 보면 알게 된다. 프랑스 철학자 베르그송은 "과거의 시간은 사라지는 것이 아니라 현재와 동시에 공존한다."라고 했다. 과거 없는 미래가 존재할 수 없다. 슬픈 추억이든 아름다운 추억이든 그 과정을 통과한 후 현세 실존의 시간이 부여하는 회억과 반추로 지난 세월을 곱씹는 것이다. 화자는 유년 시절에 6.25를 겪고 가정 형편상 원하는 공부를 지속할 수 없었다. 출가를 하고 가정을 꾸리지만 남편은 책만 끼고 사는 서생의 길을 고집한다. 여가장으로 총대를 매고 봉제공장을 운영한다. 동대문과 남대문시장을 발바닥이 다 닳도록 들락거리며 가난을 물리치는 당당한 남성같은 근육질을 키운다. 고단한 삶 가운데서도 가볍고 즐거운 기쁨이 있는 것은 주일마다 뵐 수 있는 사랑이고 구원이고 소망인 그분이 존재하기 때문이다.

3. 낙엽에 길이 있다

새벽부터 마른 땅 적시는
빗소리 부산하지만
황사먼지 속에 하늘은 숨어 있고
쓸어도 쓸어도 미화원의 빗자루는 쉼이 없다

젊음은 늘 허둥거리다
긴 하루가 아쉽듯이 짧은 듯
그렇게 세월은 제 갈 길을 간다

추위에도 아랑곳없이 매달렸던 갈색잎
노년 푸른 일자리
쓰락쓰락 싸리 빗자루 소리에

팔힘이 솟는다

싸리 빗자루 지나간 자리 환해지고
이른 봄 쓸어 담는 구부정한 허리를 펴게 하는
한나절 품삯으로 얼굴이 환해진다

목련은 무엇 때문에 활짝 웃고 있는가

─「싸리 빗자루」전문

　서정시는 감성이 중요하다. 사람의 마음을 움직이게 하고 세계를 변화시킬 수 있는 힘을 갖는다. 작품 행간에 담긴 시어와 정서의 미는 삶 가운데서 상처를 받은 영혼을 어루만져 주고 승화의 기능을 지닌다. 문학인이 명리나 부를 좇으면 사기꾼으로 전락한다. 돈을 보아도 걸음을 늦추고 뒤돌아볼 줄 알아야 한다. 늘 깨어 있음은 기본정신이다. 문학은 영원의 세계를 추구한다. 환경미화원의 싸리 빗자루는 이른 봄날을 쓸고 있다. 황사먼지가 대지를 덮어도, 봄비가 내려도 미화원은 새벽부터 쉼 없이 휴지 오물이나 담배꽁초 낙엽 등 거리를 깨끗이 함으로써 직분을 다한다. 빗자루 소리가 지나간 자리마다 도시는 말끔해진다. 플라스틱 빗자루가 아닌 싸리 빗자루가 정감어린 한 편 시를 빚어내고 있다. 싸리 빗자루는 미화원의 시들지 않는 팔힘을 눈여겨보고 미화원은 싸리 빗자루의 쓰락쓰락 미성을 음미한다. 푸른 일자리 노년은 품삯을 일구며 노동의 즐거움을 맛본다. 봄날 화사한 얼굴 자랑하는 목련은 저만치서 미소를 날리고, 시인의 눈은 낮은 자에게 온정어린 시선을 보내고, 작아서 서러운 영혼 그 소소한 것에서 사람 냄새를 맡는다.

낙엽이 모여 모여
인도를 갈색 카펫으로 깔아 놓았습니다
미루나무 한생이
허공을 떠돌던 바람을 타고
가을을 떠나갑니다

비바람이
초록을 난도질하고
새집은 빈 둥지가 되었습니다

가을을 닮아
윤기 잃은 살결 시름겨워
욕망도 아집도 다 내려놓고
푸르고 넓은 하늘을 바라봅니다

가을은 채찍
비움을 살찌게 하는

― 「낙엽은 채찍」 전문

　가을은 비움을 살찌게 하는 채찍이라고 명명한다. 비움의 넉넉함 그 역설적 채움을 돋보이게 하는 문장이다. 가난이 죄고 가난이 채찍이고 가난이 눈물이던 빈궁기 보릿고개 시절의 영혼은 맑고 순수하여 정의롭지 못한 부와 힘을 거부한다. 위선의 냄새가 나는 돈, 위선의 냄새가 나는 명예, 위선의 냄새가 나는 권력을 빈궁기 정신은 넉넉한 현세를 거부한다. 시인의 눈은 견자(見者)여야 한다. 숨겨져 있는 사물의 이면을 투시하고 발견하는 자가 시인이다. 비움으로써 충만해지는 이치를 깨닫게 한다. 가을 지나 겨울이면 시련을 단련하는 시간이다. 거듭나기는 겨울에서 시작한다. 무에서 유를 찾는 깨달음의 여정이다.
　시는 고통이나 절망을 희망으로 전환시키는 작업이다. 고통은 희망의 출발점이고 절망은 재생의 길을 닦는 일이다. 삶의 길이 시의 길이고 성찰의 표현미 속에 무게가 실릴 때 작품은 빛이 난다. 낙엽은 사색의 계절을 연출한다. 쇼펜 하우어는 "사물의 목소리를 듣지 못하면 그는 더 이상 시인이 아니다."라고 말했다

　겨울 문턱
　강변에 멈춰 서서
　저물어 가는 한때를 바라본다

느릿느릿 옆으로 눕는 구절초
꽃보다 아름다운 백발이 눈부시다
오물오물 중얼거리는 치매 걸린 입
늙어서 쓸쓸한 황혼의 길
꼬옥 손잡은 딸

두 다리로 걷다가
세 다리로 걷다가
네 다리로 기어가는 길

다시 어린애가 되어
엉금엉금 되돌아가야 하는
인생 끝자락
어머니 눈언저리에
늦가을 서정이 뭉클하다

- 「다시 어린애가 되어」 전문

구절초는 국화과에 속한 다년초다. 산과 들에 저절로 난다. 가을에 흰색이나 붉은색 꽃이 피고 서정성이 짙어 아무에게나 친숙감을 느끼게 하는 꽃이다. 화자는 한강 둔치공원 벤치에서 모녀간의 대화를 엿듣고 동정을 살핀다. 백발이 눈부신 노령의 어머니는 치매가 걸려 언어 전달이 또렷하지 못하고 거동도 불편한 처지다. 장년의 딸이 부축하고 쓸쓸한 황혼길을 함께 정분을 나누며 노모를 어린아이 돌보듯이 정성을 다하여 동행한다. 한생이 태어나서 두 다리 직립이 불가능한 어린 시절부터 시작하여, 마지막엔 병들어 지팡이에 의존하며 걷는 여정 그리고 네 다리로 기어가는 길이라고 화자는 말한다. 저물어 가는 가을 강물에 어머니 시간이 투영되어 머잖아 올 겨울, 죽음의 길이 다가오고 동행하는 딸 또한 감정이입하여 치매 어머니가 간 길을 따라갈지도 모른다. 인간은 자연의 일부다. 흙에서 왔으니 흙으로 돌아가고 본향으로 영원 이주를 하는 것이다.

동절기 끝자락 찾아온 손님
도대체 어디서 무엇을 하다가
허겁지겁 그렇게 왔느냐?

네가 뭐길래
이웃 간에 거리를 두게 하고
마스크를 쓰지 않으면
손가락질하는 세상 만들었니

괴물 코로나19에 빼앗긴 봄
우리가 찾던 꽃밭은 어디로 가고
위축된 거리 하늘은 알까 몰라

재앙 앞에 속절없이 무너지지만
지난날 일상을 뒤돌아보게 하고
가만히 눈을 감고 소중한 것에
다시 한 번 생각을 깊게 하는
소소한 일상생활이 행복이었네

– 「코로나가 뭐길래」 전문

  시 창작에서 현실성과 동떨어져 생동감을 상실한 시는 죽은 글이 된다. 떨림이 있는 시는 시대를 초월한다. 코로나19는 기후변화와 밀접한 관계가 있다. 지구의 허파구실을 하는 밀림지대나 개발이라는 미명 아래 마구잡이 자연 파괴, 숲의 파괴로 하루 아침에 삶의 터전을 잃어버린 동물들의 바이러스가 지구촌 곳곳에 전파되고 있다. 동물들의 반항이 코로나19로 나타난 것이다. 지구온난화로 빙하는 녹아내려 해수면이 상승하고 도시가 물에 잠기기도 한다. 2021년 1월부터 2023년 6월까지 3년 반이란 세월을 코로나 세력에게 차압당한 채 생활패턴을 바꾼 것이다. 이웃과 이웃은 소원해지고 마스크 사용하지 않는 사람은 요주의 인물로 지탄의 대상이 된다. 입은 있어도 말이 없는 암흑기, 우리의 삶에서 봄 가을은 소멸되고 길고 지리한 여름 겨울만 존재하는 암울한 시대를 살 수밖에 없었다. 신이 주관하는 교회마저 문을 닫고 학교가 문을 닫고 예식장이 문을 닫고, 코로나를 앓던 많은 사람이 가족과 마지막 인사도 없이, 조문객도 없이 홀로 세상을 떠났다. 코로나 재앙 앞에 속절없이 무너진 지구촌 일상은 우리에게 많은 교훈을 남겨 놓았다. 자연파괴 이대로 좋은가. 과학 문명의 전진 이대로 좋은가. 자연은 하늘이 다스린다. 자연은 산업화 이전의 시대를 그리워한다. 물질숭배는 언제까지 지속되는가에 방점을 찍고 소소한 인생의 행복을 꿈꾸는 이 작품은 묻고 또 묻는다.

4. 닫는 말

이영순의 시는 생활밀착형 시류와 자연친화적 시류가 대세를 이룬다. 성격이 소탈하고 집념이 강하여 시 편편마다 편안하게 읽을 수 있도록 그 성정이 잘 드러나 있다. 꽃은 떨어져 소멸하기 때문에 아름다운 것이다. 영원히 지지 않는 꽃이라면 과연 아름답다고 말할 수 있을까. 향기도 때가 있다. 인간들의 헛된 욕망과 탐욕, 고삐 풀린 소유욕은 때가 지나면 바람 앞에 촛불이 된다. 하늘로 가는 마지막 날을 알 수야 없지만 한생의 마무리, 그 빛나는 졸업장을 들고 이승을 떠나고 싶은 마음이야 누군들 없으랴. 서녘 해 바라보는 동공엔 이슬 젖은 생각이 겹겹 쌓인다. 생성과 소멸은 자연의 섭리고 이치다. 유한한 인간의 생명 그 한계성을 때로는 고향 속에서, 때로는 도심 속에서, 때로는 자연 속에서 쉼과 위로를 받고 주름져 간 서러운 세월 몸과 마음을 추스른다. 이런 소중한 체험과 추억에서 글이 태어나고 노래가 태어난다.

  이영순은 노년에 이르러 시 공부방 문을 두드리고 작품을 쓰고 또 썼다. 절대로 뒤지지 않는 용기와 뚝심, 배짱은 추종을 불허할 만큼 대담하다. 뜻이 있는 곳에 길이 있다. 목마른 영혼의 노래를 모아 마침내 한 권의 서정적인 첫 시집을 세상에 내놓는다. 굴곡진 삶에서 우러나온 가족사와 자연사와 세상사를 두루 섞어 희망과 절망과 소망을 보여주며 영의 분신 『그 집 앞 연둣빛』을 상재한 것이다. 시는 그 사람이다. 일생을 오롯이 담아논 이영순의 작품집은 얼굴이고 마음이다. 세상 끝 날까지 건강이 허락하는 한 시 짓기는 멈추지 않을 것이다. 영의 양식이기 때문이다. 몇 달 전에 이승을 떠나신 남편의 영원한 하늘나라 쉼과 명복을 빌며 눈물어린 시집 발간을 보고할 것이다. 슬픔의 강을 건너 더욱 성숙한 문인의 길을 걷기를 기원한다.

그 집 앞 연둣빛

1판1쇄 : 2024년 9월 20일
발행일 : 2024년 9월 25일
지은이 : 이영순
펴낸이 : 김정현
펴낸곳 : gaon

주 소 : 경기도 문학창의도시 부천 길주로 460, 1106호
전 화 : 032-342-7164
팩 스 : 032-344-7164
E-mail : 906kjh@naver.com / kjsh2007@hanmail.net

출판등록 : 2011. 7. 14
ISBN : 979-11-90673-77-8(03810)
값·15,000원

무단전재와 복제를 금합니다.
도서출판 가온은 농인聾人과 함께합니다.
잘못된 책은 본사나 서점에서 교환해드립니다.